TRANZLATY

La Langue est pour tout le Monde

El idioma es para todos

La Belle et la Bête

La Bella y la Bestia

Gabrielle-Suzanne Barbot de Villeneuve

Français / Español

Copyright © 2025 Tranzlaty
All rights reserved
Published by Tranzlaty
ISBN: 978-1-80572-062-1
Original text by Gabrielle-Suzanne Barbot de Villeneuve
La Belle et la Bête
First published in French in 1740
Taken from The Blue Fairy Book (Andrew Lang)
Illustration by Walter Crane
www.tranzlaty.com

Il était une fois un riche marchand
Había una vez un rico comerciante
ce riche marchand avait six enfants
Este rico comerciante tuvo seis hijos.
il avait trois fils et trois filles
Tenía tres hijos y tres hijas.
il n'a épargné aucun coût pour leur éducation
No escatimó en gastos para su educación
parce qu'il était un homme sensé
Porque era un hombre sensato
mais il a donné à ses enfants de nombreux serviteurs
pero dio a sus hijos muchos siervos
ses filles étaient extrêmement jolies
Sus hijas eran extremadamente bonitas
et sa plus jeune fille était particulièrement jolie
Y su hija menor era especialmente bonita.
Déjà enfant, sa beauté était admirée
Desde niña ya admiraban su belleza
et les gens l'appelaient à cause de sa beauté
y la gente la llamaba por su belleza
sa beauté ne s'est pas estompée avec l'âge
Su belleza no se desvaneció a medida que envejecía.
alors les gens ont continué à l'appeler par sa beauté
Así que la gente seguía llamándola por su belleza.
cela a rendu ses sœurs très jalouses
Esto puso muy celosas a sus hermanas.
les deux filles aînées avaient beaucoup de fierté
Las dos hijas mayores tenían mucho orgullo.
leur richesse était la source de leur fierté
Su riqueza era la fuente de su orgullo.
et ils n'ont pas caché leur fierté non plus
y tampoco ocultaron su orgullo
ils n'ont pas rendu visite aux filles d'autres marchands
No visitaron a las hijas de otros comerciantes.
parce qu'ils ne rencontrent que l'aristocratie
Porque sólo se encuentran con la aristocracia.

ils sortaient tous les jours pour faire la fête
Salían todos los días a fiestas.
bals, pièces de théâtre, concerts, etc.
bailes, obras de teatro, conciertos, etc.
et ils se moquèrent de leur plus jeune sœur
y se rieron de su hermana menor
parce qu'elle passait la plupart de son temps à lire
Porque pasaba la mayor parte del tiempo leyendo
il était bien connu qu'ils étaient riches
Era bien sabido que eran ricos
alors plusieurs marchands éminents ont demandé leur main
Así que varios comerciantes eminentes pidieron su mano.
mais ils ont dit qu'ils n'allaient pas se marier
pero dijeron que no se iban a casar
mais ils étaient prêts à faire quelques exceptions
Pero estaban dispuestos a hacer algunas excepciones.
« Peut-être que je pourrais épouser un duc »
"Quizás podría casarme con un duque"
« Je suppose que je pourrais épouser un comte »
"Supongo que podría casarme con un conde"
Belle a remercié très civilement ceux qui lui ont proposé
Bella agradeció muy civilizadamente a quienes le propusieron matrimonio.
elle leur a dit qu'elle était encore trop jeune pour se marier
Ella les dijo que todavía era demasiado joven para casarse.
elle voulait rester quelques années de plus avec son père
Ella quería quedarse unos años más con su padre.
Tout d'un coup, le marchand a perdu sa fortune
De repente el comerciante perdió su fortuna.
il a tout perdu sauf une petite maison de campagne
Lo perdió todo excepto una pequeña casa de campo.
et il dit à ses enfants, les larmes aux yeux :
Y con lágrimas en los ojos les dijo a sus hijos:
« il faut aller à la campagne »
"Tenemos que ir al campo"
« et nous devons travailler pour gagner notre vie »

"y debemos trabajar para vivir"
les deux filles aînées ne voulaient pas quitter la ville
Las dos hijas mayores no querían abandonar el pueblo.
ils avaient plusieurs amants dans la ville
Tenían varios amantes en la ciudad.
et ils étaient sûrs que l'un de leurs amants les épouserait
y estaban seguros de que uno de sus amantes se casaría con ellos
ils pensaient que leurs amants les épouseraient même sans fortune
Pensaban que sus amantes se casarían con ellos incluso sin fortuna.
mais les bonnes dames se sont trompées
Pero las buenas damas estaban equivocadas.
leurs amants les ont abandonnés très vite
Sus amantes los abandonaron muy rápidamente
parce qu'ils n'avaient plus de fortune
porque ya no tenían fortuna
cela a montré qu'ils n'étaient pas vraiment appréciés
Esto demostró que en realidad no eran muy queridos.
tout le monde a dit qu'ils ne méritaient pas d'être plaints
Todos dijeron que no merecían compasión.
« **Nous sommes heureux de voir leur fierté humiliée** »
"Nos alegra ver su orgullo humillado"
« **Qu'ils soient fiers de traire les vaches** »
"Que se sientan orgullosos de ordeñar vacas"
mais ils étaient préoccupés par Belle
Pero estaban preocupados por Bella.
elle était une créature si douce
Ella era una criatura tan dulce
elle parlait si gentiment aux pauvres
Ella hablaba tan amablemente a la gente pobre.
et elle était d'une nature si innocente
Y ella era de una naturaleza tan inocente.
Plusieurs messieurs l'auraient épousée
Varios caballeros se habrían casado con ella.

ils l'auraient épousée même si elle était pauvre
Se habrían casado con ella aunque fuera pobre
mais elle leur a dit qu'elle ne pouvait pas les épouser
pero ella les dijo que no podía casarlos
parce qu'elle ne voulait pas quitter son père
porque ella no dejaría a su padre
elle était déterminée à l'accompagner à la campagne
Ella estaba decidida a ir con él al campo.
afin qu'elle puisse le réconforter et l'aider
para que ella pudiera consolarlo y ayudarlo
pauvre Belle était très affligée au début
La pobre belleza estaba muy triste al principio.
elle était attristée par la perte de sa fortune
Ella estaba afligida por la pérdida de su fortuna.
"Mais pleurer ne changera pas mon destin"
"Pero llorar no cambiará mi suerte"
« Je dois essayer de me rendre heureux sans richesse »
"Debo intentar ser feliz sin riquezas"
ils sont venus dans leur maison de campagne
Llegaron a su casa de campo
et le marchand et ses trois fils s'appliquèrent à l'agriculture
y el comerciante y sus tres hijos se dedicaron a la agricultura
Belle s'est levée à quatre heures du matin
Bella se levantó a las cuatro de la mañana.
et elle s'est dépêchée de nettoyer la maison
y se apresuró a limpiar la casa
et elle s'est assurée que le dîner était prêt
y se aseguró de que la cena estuviera lista
au début, elle a trouvé sa nouvelle vie très difficile
Al principio encontró su nueva vida muy difícil.
parce qu'elle n'était pas habituée à un tel travail
porque no estaba acostumbrada a ese tipo de trabajo
mais en moins de deux mois elle est devenue plus forte
Pero en menos de dos meses se hizo más fuerte.
et elle était en meilleure santé que jamais auparavant
Y ella estaba más sana que nunca.

après avoir fait son travail, elle a lu
Después de haber hecho su trabajo, leyó
elle jouait du clavecin
Ella tocaba el clavicémbalo
ou elle chantait en filant de la soie
o cantaba mientras hilaba seda
au contraire, ses deux sœurs ne savaient pas comment passer leur temps
Por el contrario, sus dos hermanas no sabían cómo pasar el tiempo.
ils se sont levés à dix heures et n'ont rien fait d'autre que paresser toute la journée
Se levantaron a las diez y no hicieron nada más que holgazanear todo el día.
ils ont déploré la perte de leurs beaux vêtements
Lamentaron la pérdida de sus hermosas ropas.
et ils se sont plaints d'avoir perdu leurs connaissances
y se quejaron de perder a sus conocidos
« Regardez notre plus jeune sœur », se dirent-ils.
"Mirad a nuestra hermana menor", se dijeron.
"Quelle pauvre et stupide créature elle est"
"¡Qué criatura tan pobre y estúpida es!"
"C'est mesquin de se contenter de si peu"
"Es mezquino contentarse con tan poco"
le gentil marchand était d'un avis tout à fait différent
El amable comerciante tenía una opinión muy diferente.
il savait très bien que Belle éclipsait ses sœurs
Él sabía muy bien que Bella eclipsaba a sus hermanas.
elle les a surpassés en caractère ainsi qu'en esprit
Ella los eclipsó tanto en carácter como en mente.
il admirait son humilité et son travail acharné
Él admiraba su humildad y su arduo trabajo.
mais il admirait surtout sa patience
Pero sobre todo admiraba su paciencia.
ses sœurs lui ont laissé tout le travail à faire
Sus hermanas le dejaron todo el trabajo por hacer.

et ils l'insultaient à chaque instant
y la insultaban a cada momento
La famille vivait ainsi depuis environ un an.
La familia había vivido así durante aproximadamente un año.
puis le commerçant a reçu une lettre d'un comptable
Entonces el comerciante recibió una carta de un contable.
il avait un investissement dans un navire
Tenía una inversión en un barco.
et le navire était arrivé sain et sauf
y el barco había llegado sano y salvo
Cette nouvelle a fait tourner les têtes des deux filles aînées
Esta noticia hizo que las dos hijas mayores se volvieran locas.
ils ont immédiatement eu l'espoir de revenir en ville
Inmediatamente tuvieron esperanzas de regresar a la ciudad.
parce qu'ils étaient assez fatigués de la vie à la campagne
Porque estaban bastante cansados de la vida en el campo.
ils sont allés vers leur père alors qu'il partait
Fueron a ver a su padre cuando él se iba.
ils l'ont supplié de leur acheter de nouveaux vêtements
Le rogaron que les comprara ropa nueva
des robes, des rubans et toutes sortes de petites choses
Vestidos, cintas y todo tipo de cositas.
mais Belle n'a rien demandé
Pero Bella no pedía nada.
parce qu'elle pensait que l'argent ne serait pas suffisant
Porque pensó que el dinero no sería suficiente.
il n'y aurait pas assez pour acheter tout ce que ses sœurs voulaient
No habría suficiente para comprar todo lo que sus hermanas querían.
"Que veux-tu, ma belle ?" demanda son père
- ¿Qué te gustaría, Bella? -preguntó su padre.
« Merci, père, pour la bonté de penser à moi », dit-elle
"Gracias, padre, por la bondad de pensar en mí", dijo.
« Père, ayez la gentillesse de m'apporter une rose »
"Padre, ten la amabilidad de traerme una rosa"

"parce qu'aucune rose ne pousse ici dans le jardin"
"Porque aquí en el jardín no crecen rosas"
"et les roses sont une sorte de rareté"
"y las rosas son una especie de rareza"
Belle ne se souciait pas vraiment des roses
A Bella realmente no le importaban las rosas
elle a juste demandé quelque chose pour ne pas condamner ses sœurs
Ella solo pidió algo para no condenar a sus hermanas.
mais ses sœurs pensaient qu'elle avait demandé des roses pour d'autres raisons
Pero sus hermanas pensaron que ella pidió rosas por otros motivos.
"Elle l'a fait juste pour avoir l'air particulière"
"Lo hizo sólo para parecer especial"
L'homme gentil est parti en voyage
El hombre amable continuó su viaje.
mais quand il est arrivé, ils se sont disputés à propos de la marchandise
pero cuando llego discutieron sobre la mercancia
et après beaucoup d'ennuis, il est revenu aussi pauvre qu'avant
Y después de muchos problemas volvió tan pobre como antes.
il était à quelques heures de sa propre maison
Estaba a un par de horas de su propia casa.
et il imaginait déjà la joie de revoir ses enfants
y ya imaginaba la alegría de ver a sus hijos
mais en traversant la forêt, il s'est perdu
pero al pasar por el bosque se perdió
il a plu et neigé terriblement
Llovió y nevó terriblemente
le vent était si fort qu'il l'a fait tomber de son cheval
El viento era tan fuerte que lo arrojó del caballo.
et la nuit arrivait rapidement
Y la noche se acercaba rápidamente
il a commencé à penser qu'il pourrait mourir de faim

Empezó a pensar que podría morir de hambre.
et il pensait qu'il pourrait mourir de froid
y pensó que podría morir congelado
et il pensait que les loups pourraient le manger
y pensó que los lobos podrían comérselo
les loups qu'il entendait hurler tout autour de lui
Los lobos que oía aullar a su alrededor
mais tout à coup il a vu une lumière
Pero de repente vio una luz.
il a vu la lumière au loin à travers les arbres
Vio la luz a lo lejos entre los árboles.
quand il s'est approché, il a vu que la lumière était un palais
Cuando se acercó vio que la luz era un palacio.
le palais était illuminé de haut en bas
El palacio estaba iluminado de arriba a abajo.
le marchand a remercié Dieu pour sa chance
El comerciante agradeció a Dios por su suerte.
et il se précipita vers le palais
y se apresuró a ir al palacio
mais il fut surpris de ne voir personne dans le palais
Pero se sorprendió al no ver gente en el palacio.
la cour était complètement vide
El patio estaba completamente vacío.
et il n'y avait aucun signe de vie nulle part
y no había señales de vida en ninguna parte
son cheval le suivit dans le palais
Su caballo lo siguió hasta el palacio.
et puis son cheval a trouvé une grande écurie
y luego su caballo encontró un gran establo
le pauvre animal était presque affamé
El pobre animal estaba casi muerto de hambre.
alors son cheval est allé chercher du foin et de l'avoine
Entonces su caballo fue a buscar heno y avena.
Heureusement, il a trouvé beaucoup à manger
Afortunadamente encontró mucho para comer.
et le marchand attacha son cheval à la mangeoire

y el mercader ató su caballo al pesebre
En marchant vers la maison, il n'a vu personne
Caminando hacia la casa no vio a nadie.
mais dans une grande salle il trouva un bon feu
Pero en un gran salón encontró un buen fuego.
et il a trouvé une table dressée pour une personne
y encontró una mesa puesta para uno
il était mouillé par la pluie et la neige
Estaba mojado por la lluvia y la nieve.
alors il s'est approché du feu pour se sécher
Entonces se acercó al fuego para secarse.
« J'espère que le maître de maison m'excusera »
"Espero que el dueño de la casa me disculpe"
« Je suppose qu'il ne faudra pas longtemps pour que quelqu'un apparaisse »
"Supongo que no tardará mucho en aparecer alguien"
Il a attendu un temps considérable
Esperó un tiempo considerable
il a attendu jusqu'à ce que onze heures sonnent, et toujours personne n'est venu
Esperó hasta que dieron las once y todavía no venía nadie.
enfin, il avait tellement faim qu'il ne pouvait plus attendre
Al final tenía tanta hambre que no podía esperar más.
il a pris du poulet et l'a mangé en deux bouchées
Tomó un poco de pollo y se lo comió en dos bocados.
il tremblait en mangeant la nourriture
Estaba temblando mientras comía la comida.
après cela, il a bu quelques verres de vin
Después de esto bebió unas copas de vino.
devenant plus courageux, il sortit du hall
Cada vez más valiente, salió del salón.
et il traversa plusieurs grandes salles
y atravesó varios grandes salones
il a traversé le palais jusqu'à ce qu'il arrive dans une chambre
Caminó por el palacio hasta llegar a una cámara.

une chambre qui contenait un très bon lit
Una habitación que tenía una cama muy buena.
il était très fatigué par son épreuve
Estaba muy fatigado por su terrible experiencia.
et il était déjà minuit passé
Y ya era pasada la medianoche
alors il a décidé qu'il était préférable de fermer la porte
Entonces decidió que era mejor cerrar la puerta.
et il a conclu qu'il devrait aller se coucher
y concluyó que debía irse a la cama
Il était dix heures du matin lorsque le marchand s'est réveillé
Eran las diez de la mañana cuando el comerciante se despertó.
au moment où il allait se lever, il vit quelque chose
Justo cuando iba a levantarse vio algo
il a été étonné de voir un ensemble de vêtements propres
Se sorprendió al ver un conjunto de ropa limpia.
à l'endroit où il avait laissé ses vêtements sales
En el lugar donde había dejado su ropa sucia.
"ce palais appartient certainement à une sorte de fée"
"Seguramente este palacio pertenece a algún tipo de hada"
" une fée qui m'a vu et qui a eu pitié de moi"
" Un hada que me ha visto y se ha compadecido de mí"
il a regardé à travers une fenêtre
Miró por una ventana
mais au lieu de neige, il vit le jardin le plus charmant
Pero en lugar de nieve vio el jardín más delicioso.
et dans le jardin il y avait les plus belles roses
Y en el jardín estaban las rosas más hermosas.
il est ensuite retourné dans la grande salle
Luego regresó al gran salón.
la salle où il avait mangé de la soupe la veille
El salón donde había tomado sopa la noche anterior.
et il a trouvé du chocolat sur une petite table
y encontró un poco de chocolate en una mesita
« Merci, bonne Madame la Fée », dit-il à voix haute.

"Gracias, buena señora hada", dijo en voz alta.
"Merci d'être si attentionné"
"Gracias por ser tan cariñoso"
« Je vous suis extrêmement reconnaissant pour toutes vos faveurs »
"Le estoy sumamente agradecido por todos sus favores"
l'homme gentil a bu son chocolat
El hombre amable bebió su chocolate.
et puis il est allé chercher son cheval
y luego fue a buscar su caballo
mais dans le jardin il se souvint de la demande de Belle
Pero en el jardín recordó la petición de Bella.
et il coupa une branche de roses
y cortó una rama de rosas
immédiatement il entendit un grand bruit
Inmediatamente oyó un gran ruido
et il vit une bête terriblement effrayante
y vio una bestia terriblemente espantosa
il était tellement effrayé qu'il était sur le point de s'évanouir
Estaba tan asustado que estaba a punto de desmayarse.
« Tu es bien ingrat », lui dit la bête.
-Eres muy desagradecido -le dijo la bestia.
et la bête parla d'une voix terrible
Y la bestia habló con voz terrible
« Je t'ai sauvé la vie en te laissant entrer dans mon château »
"Te he salvado la vida al permitirte entrar en mi castillo"
"et pour ça tu me voles mes roses en retour ?"
"¿Y a cambio me robas mis rosas?"
« Les roses que j'apprécie plus que tout »
"Las rosas que valoro más que nada"
"mais tu mourras pour ce que tu as fait"
"Pero morirás por lo que has hecho"
« Je ne vous donne qu'un quart d'heure pour vous préparer »
"Sólo te doy un cuarto de hora para que te prepares"
« Préparez-vous à la mort et dites vos prières »
"Prepárate para la muerte y di tus oraciones"

le marchand tomba à genoux
El comerciante cayó de rodillas
et il leva ses deux mains
y alzó ambas manos
« **Monseigneur, je vous supplie de me pardonner** »
"Mi señor, le ruego que me perdone"
« **Je n'avais aucune intention de t'offenser** »
"No tuve intención de ofenderte"
« **J'ai cueilli une rose pour une de mes filles** »
"Recogí una rosa para una de mis hijas"
"**elle m'a demandé de lui apporter une rose**"
"Ella me pidió que le trajera una rosa"
« **Je ne suis pas ton seigneur, mais je suis une bête** »,
répondit le monstre
-No soy tu señor, pero soy una bestia -respondió el monstruo.
« **Je n'aime pas les compliments** »
"No me gustan los cumplidos"
« **J'aime les gens qui parlent comme ils pensent** »
"Me gusta la gente que habla como piensa"
« **N'imaginez pas que je puisse être ému par la flatterie** »
"No creas que me puedo conmover con halagos"
« **Mais tu dis que tu as des filles** »
"Pero dices que tienes hijas"
"**Je te pardonnerai à une condition**"
"Te perdonaré con una condición"
« **L'une de vos filles doit venir volontairement à mon palais** »
"Una de tus hijas debe venir voluntariamente a mi palacio"
"**et elle doit souffrir pour toi**"
"y ella debe sufrir por ti"
« **Donne-moi ta parole** »
"Déjame tener tu palabra"
"**et ensuite tu pourras vaquer à tes occupations**"
"Y luego podrás continuar con tus asuntos"
« **Promets-moi ceci :** »
"Prométeme esto:"

"Si votre fille refuse de mourir pour vous, vous devez revenir dans les trois mois"
"Si tu hija se niega a morir por ti, deberás regresar dentro de tres meses"
le marchand n'avait aucune intention de sacrifier ses filles
El comerciante no tenía intenciones de sacrificar a sus hijas.
mais, comme on lui en donnait le temps, il voulait revoir ses filles une fois de plus
Pero, como le habían dado tiempo, quiso volver a ver a sus hijas.
alors il a promis qu'il reviendrait
Así que prometió que volvería.
et la bête lui dit qu'il pouvait partir quand il le voudrait
Y la bestia le dijo que podía partir cuando quisiera.
et la bête lui dit encore une chose
y la bestia le dijo una cosa más
« **Tu ne partiras pas les mains vides** »
"No te irás con las manos vacías"
« **retourne dans la pièce où tu étais allongé** »
"Vuelve a la habitación donde yacías"
« **vous verrez un grand coffre au trésor vide** »
"Verás un gran cofre del tesoro vacío"
« **Remplissez le coffre aux trésors avec ce que vous préférez** »
"Llena el cofre del tesoro con lo que más te guste"
"**et j'enverrai le coffre au trésor chez toi**"
"y enviaré el cofre del tesoro a tu casa"
et en même temps la bête s'est retirée
Y al mismo tiempo la bestia se retiró.
« **Eh bien,** » **se dit le bon homme**
"Bueno", se dijo el buen hombre.
« **Si je dois mourir, je laisserai au moins quelque chose à mes enfants** »
"Si tengo que morir, al menos dejaré algo a mis hijos"
alors il retourna dans la chambre à coucher
Así que regresó al dormitorio.

et il a trouvé une grande quantité de pièces d'or
y encontró una gran cantidad de piezas de oro
il a rempli le coffre au trésor que la bête avait mentionné
Llenó el cofre del tesoro que la bestia había mencionado.
et il sortit son cheval de l'écurie
y sacó su caballo del establo
la joie qu'il ressentait en entrant dans le palais était désormais égale à la douleur qu'il ressentait en le quittant
La alegría que sintió al entrar al palacio ahora era igual al dolor que sintió al salir de él.
le cheval a pris un des chemins de la forêt
El caballo tomó uno de los caminos del bosque.
et quelques heures plus tard, le bon homme était à la maison
Y en pocas horas el buen hombre estaba en casa.
ses enfants sont venus à lui
Sus hijos vinieron a él
mais au lieu de recevoir leurs étreintes avec plaisir, il les regardait
Pero en lugar de recibir sus abrazos con placer, los miró.
il brandit la branche qu'il tenait dans ses mains
Levantó la rama que tenía en sus manos.
et puis il a fondu en larmes
y luego estalló en lágrimas
« Belle », dit-il, « s'il te plaît, prends ces roses »
"Belleza", dijo, "por favor toma estas rosas".
"Vous ne pouvez pas savoir à quel point ces roses ont été chères"
"No puedes saber lo costosas que han sido estas rosas"
"Ces roses ont coûté la vie à ton père"
"Estas rosas le han costado la vida a tu padre"
et puis il raconta sa fatale aventure
Y luego contó su fatal aventura.
immédiatement les deux sœurs aînées crièrent
Inmediatamente las dos hermanas mayores gritaron.
et ils ont dit beaucoup de choses méchantes à leur belle sœur
y le dijeron muchas cosas malas a su hermosa hermana

mais Belle n'a pas pleuré du tout
Pero Bella no lloró en absoluto.
« Regardez l'orgueil de ce petit misérable », dirent-ils.
"Mirad el orgullo de ese pequeño desgraciado", dijeron.
"elle n'a pas demandé de beaux vêtements"
"ella no pidió ropa fina"
"Elle aurait dû faire ce que nous avons fait"
"Ella debería haber hecho lo que hicimos"
"elle voulait se distinguer"
"ella quería distinguirse"
"alors maintenant elle sera la mort de notre père"
"Así que ahora ella será la muerte de nuestro padre"
"et pourtant elle ne verse pas une larme"
"Y aún así no derrama ni una lágrima"
"Pourquoi devrais-je pleurer ?" répondit Belle
"¿Por qué debería llorar?" respondió Bella
« pleurer serait très inutile »
"Llorar sería muy innecesario"
« Mon père ne souffrira pas pour moi »
"mi padre no sufrirá por mí"
"le monstre acceptera une de ses filles"
"El monstruo aceptará a una de sus hijas"
« Je m'offrirai à toute sa fureur »
"Me ofreceré a toda su furia"
« Je suis très heureux, car ma mort sauvera la vie de mon père »
"Estoy muy feliz, porque mi muerte salvará la vida de mi padre"
"ma mort sera une preuve de mon amour"
"mi muerte será una prueba de mi amor"
« Non, ma sœur », dirent ses trois frères
-No, hermana -dijeron sus tres hermanos.
"cela ne sera pas"
"Eso no será"
"nous allons chercher le monstre"
"Iremos a buscar al monstruo"

"et soit on le tue..."
"y o lo matamos..."
« ... ou nous périrons dans cette tentative »
"...o pereceremos en el intento"
« N'imaginez rien de tel, mes fils », dit le marchand.
"No imaginéis tal cosa, hijos míos", dijo el mercader.
"La puissance de la bête est si grande que je n'ai aucun espoir que tu puisses la vaincre"
"El poder de la bestia es tan grande que no tengo esperanzas de que puedas vencerlo"
« Je suis charmé par l'offre aimable et généreuse de Belle »
"Estoy encantado con la amable y generosa oferta de Bella"
"mais je ne peux pas accepter sa générosité"
"pero no puedo aceptar su generosidad"
« Je suis vieux et je n'ai plus beaucoup de temps à vivre »
"Soy viejo y no me queda mucho tiempo de vida"
"Je ne peux donc perdre que quelques années"
"Así que sólo puedo perder unos pocos años"
"un temps que je regrette pour vous, mes chers enfants"
"Tiempo que lamento por vosotros, mis queridos hijos"
« Mais père », dit Belle
"Pero padre", dijo Bella
"tu n'iras pas au palais sans moi"
"No irás al palacio sin mí"
"tu ne peux pas m'empêcher de te suivre"
"No puedes impedir que te siga"
rien ne pourrait convaincre Belle autrement
Nada podría convencer a Bella de lo contrario.
elle a insisté pour aller au beau palais
Ella insistió en ir al bello palacio.
et ses sœurs étaient ravies de son insistance
y sus hermanas estaban encantadas con su insistencia
Le marchand était inquiet à l'idée de perdre sa fille
El comerciante estaba preocupado ante la idea de perder a su hija.
il était tellement inquiet qu'il avait oublié le coffre rempli

d'or
Estaba tan preocupado que se había olvidado del cofre lleno de oro.
la nuit, il se retirait pour se reposer et fermait la porte de sa chambre
Por la noche se retiró a descansar y cerró la puerta de su habitación.
puis, à sa grande surprise, il trouva le trésor à côté de son lit
Entonces, para su gran asombro, encontró el tesoro junto a su cama.
il était déterminé à ne rien dire à ses enfants
Estaba decidido a no contárselo a sus hijos.
s'ils savaient, ils auraient voulu retourner en ville
Si lo supieran, hubieran querido regresar al pueblo.
et il était résolu à ne pas quitter la campagne
y estaba decidido a no abandonar el campo
mais il confia le secret à Belle
Pero él confió a Bella el secreto.
elle l'informa que deux messieurs étaient venus
Ella le informó que dos caballeros habían llegado.
et ils ont fait des propositions à ses sœurs
y le hicieron propuestas a sus hermanas
elle a supplié son père de consentir à leur mariage
Ella le rogó a su padre que consintiera su matrimonio.
et elle lui a demandé de leur donner une partie de sa fortune
y ella le pidió que les diera algo de su fortuna
elle leur avait déjà pardonné
Ella ya los había perdonado.
les méchantes créatures se frottaient les yeux avec des oignons
Las malvadas criaturas se frotaron los ojos con cebollas.
pour forcer quelques larmes quand ils se sont séparés de leur sœur
Para forzar algunas lágrimas cuando se separaron de su hermana.
mais ses frères étaient vraiment inquiets

Pero sus hermanos realmente estaban preocupados.
Belle était la seule à ne pas verser de larmes
Bella fue la única que no derramó ninguna lágrima.
elle ne voulait pas augmenter leur malaise
Ella no quería aumentar su malestar.
le cheval a pris la route directe vers le palais
El caballo tomó el camino directo al palacio.
et vers le soir ils virent le palais illuminé
y hacia la tarde vieron el palacio iluminado
le cheval est rentré à l'écurie
El caballo volvió a entrar solo en el establo.
et le bon homme et sa fille entrèrent dans la grande salle
Y el buen hombre y su hija entraron en el gran salón.
ici ils ont trouvé une table magnifiquement dressée
Aquí encontraron una mesa espléndidamente servida.
le marchand n'avait pas d'appétit pour manger
El comerciante no tenía apetito para comer
mais Belle s'efforçait de paraître joyeuse
Pero Bella se esforzó por parecer alegre.
elle s'est assise à table et a aidé son père
Ella se sentó a la mesa y ayudó a su padre.
mais elle pensait aussi :
Pero también pensó para sí misma:
"La bête veut sûrement m'engraisser avant de me manger"
"La bestia seguramente quiere engordarme antes de comerme"
"c'est pourquoi il offre autant de divertissement"
"Por eso ofrece tanto entretenimiento"
après avoir mangé, ils entendirent un grand bruit
Después de haber comido oyeron un gran ruido.
et le marchand fit ses adieux à son malheureux enfant, les larmes aux yeux
Y el comerciante se despidió de su desdichado hijo con lágrimas en los ojos.
parce qu'il savait que la bête allait venir
Porque sabía que la bestia venía
Belle était terrifiée par sa forme horrible

Bella estaba aterrorizada por su horrible forma.
mais elle a pris courage du mieux qu'elle a pu
Pero ella tomó coraje lo mejor que pudo.
et le monstre lui a demandé si elle était venue volontairement
Y el monstruo le preguntó si venía voluntariamente.
"Oui, je suis venue volontiers", dit-elle en tremblant
-Sí, he venido voluntariamente -dijo temblando.
la bête répondit : « Tu es très bon »
La bestia respondió: "Eres muy bueno"
"et je vous suis très reconnaissant, honnête homme"
"Y te lo agradezco mucho, hombre honesto"
« Allez-y demain matin »
"Continuad vuestro camino mañana por la mañana"
"mais ne pense plus jamais à revenir ici"
"Pero nunca pienses en venir aquí otra vez"
« Adieu Belle, adieu bête », répondit-il
"Adiós bella, adiós bestia", respondió.
et immédiatement le monstre s'est retiré
Y de inmediato el monstruo se retiró.
« Oh, ma fille », dit le marchand
"Oh, hija", dijo el comerciante.
et il embrassa sa fille une fois de plus
y abrazó a su hija una vez más
« Je suis presque mort de peur »
"Estoy casi muerto de miedo"
"crois-moi, tu ferais mieux de rentrer"
"Créeme, será mejor que regreses"
"Laisse-moi rester ici, à ta place"
"déjame quedarme aquí, en tu lugar"
« Non, père », dit Belle d'un ton résolu.
—No, padre —dijo Bella con tono decidido.
"tu partiras demain matin"
"Partirás mañana por la mañana"
« Laissez-moi aux soins et à la protection de la Providence »
"déjame al cuidado y protección de la providencia"

néanmoins ils sont allés se coucher
Aún así se fueron a la cama
ils pensaient qu'ils ne fermeraient pas les yeux de la nuit
Pensaron que no cerrarían los ojos en toda la noche.
mais juste au moment où ils se couchaient, ils s'endormirent
pero justo cuando se acostaron se durmieron
La belle rêva qu'une belle dame venait et lui disait :
Bella soñó que una bella dama se acercó y le dijo:
« Je suis content, Belle, de ta bonne volonté »
"Estoy contento, bella, con tu buena voluntad"
« Cette bonne action de votre part ne restera pas sans récompense »
"Esta buena acción tuya no quedará sin recompensa"
Belle s'est réveillée et a raconté son rêve à son père
Bella se despertó y le contó a su padre su sueño.
le rêve l'a aidé à se réconforter un peu
El sueño ayudó a consolarlo un poco.
mais il ne pouvait s'empêcher de pleurer amèrement en partant
Pero no pudo evitar llorar amargamente mientras se marchaba.
Dès qu'il fut parti, Belle s'assit dans la grande salle et pleura aussi
Tan pronto como se fue, Bella se sentó en el gran salón y lloró también.
mais elle résolut de ne pas s'inquiéter
Pero ella decidió no sentirse inquieta.
elle a décidé d'être forte pour le peu de temps qui lui restait à vivre
Ella decidió ser fuerte por el poco tiempo que le quedaba de vida.
parce qu'elle croyait fermement que la bête la mangerait
Porque creía firmemente que la bestia la comería.
Cependant, elle pensait qu'elle pourrait aussi bien explorer le palais
Sin embargo, pensó que también podría explorar el palacio.

et elle voulait voir le beau château
y ella quería ver el hermoso castillo
un château qu'elle ne pouvait s'empêcher d'admirer
Un castillo que no pudo evitar admirar.
c'était un palais délicieusement agréable
Era un palacio deliciosamente agradable.
et elle fut extrêmement surprise de voir une porte
y ella se sorprendió muchísimo al ver una puerta
et sur la porte il était écrit que c'était sa chambre
Y sobre la puerta estaba escrito que era su habitación.
elle a ouvert la porte à la hâte
Ella abrió la puerta apresuradamente
et elle était tout à fait éblouie par la magnificence de la pièce
y ella quedó completamente deslumbrada con la magnificencia de la habitación.
ce qui a principalement retenu son attention était une grande bibliothèque
Lo que más le llamó la atención fue una gran biblioteca.
un clavecin et plusieurs livres de musique
Un clavicémbalo y varios libros de música.
« Eh bien, » se dit-elle
"Bueno", se dijo a sí misma.
« Je vois que la bête ne laissera pas mon temps peser sur moi »
"Veo que la bestia no dejará que mi tiempo cuelgue pesadamente"
puis elle réfléchit à sa situation
Entonces reflexionó sobre su situación.
« Si je devais rester un jour, tout cela ne serait pas là »
"Si me hubiera quedado un día, todo esto no estaría aquí"
cette considération lui inspira un courage nouveau
Esta consideración le inspiró nuevo coraje.
et elle a pris un livre de sa nouvelle bibliothèque
y tomó un libro de su nueva biblioteca
et elle lut ces mots en lettres d'or :
y leyó estas palabras en letras doradas:

« Accueillez Belle, bannissez la peur »
"Bienvenida Bella, destierra el miedo"
« Vous êtes reine et maîtresse ici »
"Eres reina y señora aquí"
« Exprimez vos souhaits, exprimez votre volonté »
"Di tus deseos, di tu voluntad"
« L'obéissance rapide répond ici à vos souhaits »
"Aquí la obediencia rápida cumple tus deseos"
« Hélas, dit-elle avec un soupir
"¡Ay!", dijo ella con un suspiro.
« Ce que je souhaite par-dessus tout, c'est revoir mon pauvre père. »
"Lo que más deseo es ver a mi pobre padre"
"et j'aimerais savoir ce qu'il fait"
"y me gustaría saber qué está haciendo"
Dès qu'elle eut dit cela, elle remarqua le miroir
Tan pronto como dijo esto se dio cuenta del espejo.
à sa grande surprise, elle vit sa propre maison dans le miroir
Para su gran asombro, vio su propia casa en el espejo.
son père est arrivé émotionnellement épuisé
Su padre llegó emocionalmente agotado.
ses sœurs sont allées à sa rencontre
Sus hermanas fueron a recibirlo
malgré leurs tentatives de paraître tristes, leur joie était visible
A pesar de sus intentos de parecer tristes, su alegría era visible.
un instant plus tard, tout a disparu
Un momento después todo desapareció
et les appréhensions de Belle ont également disparu
Y las aprensiones de Bella también desaparecieron.
car elle savait qu'elle pouvait faire confiance à la bête
porque sabía que podía confiar en la bestia
À midi, elle trouva le dîner prêt
Al mediodía encontró la cena lista.
elle s'est assise à la table

Ella se sentó a la mesa
et elle a été divertie avec un concert de musique
y se entretuvo con un concierto de música
même si elle ne pouvait voir personne
Aunque no podía ver a nadie
le soir, elle s'est à nouveau assise pour dîner
Por la noche se sentó a cenar otra vez
cette fois elle entendit le bruit que faisait la bête
Esta vez escuchó el ruido que hizo la bestia.
et elle ne pouvait s'empêcher d'être terrifiée
y ella no pudo evitar estar aterrorizada
"Belle", dit le monstre
"belleza", dijo el monstruo
"est-ce que tu me permets de manger avec toi ?"
"¿Me permites comer contigo?"
« Fais comme tu veux », répondit Belle en tremblant
"Haz lo que quieras", respondió Bella temblando.
"Non", répondit la bête
"No", respondió la bestia.
"tu es seule la maîtresse ici"
"Sólo tú eres la señora aquí"
"tu peux me renvoyer si je suis gênant"
"Puedes despedirme si soy problemático"
« renvoyez-moi et je me retirerai immédiatement »
"Despídeme y me retiraré inmediatamente"
« Mais dis-moi, ne me trouves-tu pas très laide ? »
-Pero dime, ¿no te parece que soy muy fea?
"C'est vrai", dit Belle
"Eso es verdad", dijo Bella.
« Je ne peux pas mentir »
"No puedo decir una mentira"
"mais je crois que tu es de très bonne nature"
"Pero creo que tienes muy buen carácter"
« Je le suis en effet », dit le monstre
"Sí, lo soy", dijo el monstruo.
« Mais à part ma laideur, je n'ai pas non plus de bon sens »

"Pero aparte de mi fealdad, tampoco tengo sentido"
« **Je sais très bien que je suis une créature stupide** »
"Sé muy bien que soy una criatura tonta"
« **Ce n'est pas un signe de folie de penser ainsi** », **répondit Belle.**
—No es ninguna locura pensar así —replicó Bella.
« **Mange donc, belle** », **dit le monstre**
"Come entonces, bella", dijo el monstruo.
« **essaie de t'amuser dans ton palais** »
"Intenta divertirte en tu palacio"
"**tout ici est à toi**"
"Todo aquí es tuyo"
"**et je serais très mal à l'aise si tu n'étais pas heureux**"
"Y me sentiría muy incómodo si no fueras feliz"
« **Vous êtes très obligeant** », **répondit Belle**
-Eres muy servicial -respondió Bella.
« **J'avoue que je suis heureux de votre gentillesse** »
"Admito que estoy complacido con su amabilidad"
« **et quand je considère votre gentillesse, je remarque à peine vos difformités** »
"Y cuando considero tu bondad, apenas noto tus deformidades"
« **Oui, oui, dit la bête, mon cœur est bon.**
"Sí, sí", dijo la bestia, "mi corazón es bueno".
"**mais même si je suis bon, je suis toujours un monstre**"
"Pero aunque soy bueno, sigo siendo un monstruo"
« **Il y a beaucoup d'hommes qui méritent ce nom plus que toi** »
"Hay muchos hombres que merecen ese nombre más que tú"
"**et je te préfère tel que tu es**"
"Y te prefiero tal como eres"
"**et je te préfère à ceux qui cachent un cœur ingrat**"
"y te prefiero más que a aquellos que esconden un corazón ingrato"
"**Si seulement j'avais un peu de bon sens**", **répondit la bête**
"Si tuviera algo de sentido común", respondió la bestia.

"Si j'avais du bon sens, je vous ferais un beau compliment pour vous remercier"
"Si tuviera sentido común, te haría un buen cumplido para agradecerte"
"mais je suis si ennuyeux"
"Pero soy tan aburrida"
« Je peux seulement dire que je vous suis très reconnaissant »
"Sólo puedo decir que le estoy muy agradecido"
Belle a mangé un copieux souper
Bella comió una cena abundante
et elle avait presque vaincu sa peur du monstre
y ella casi había superado su miedo al monstruo
mais elle a voulu s'évanouir lorsque la bête lui a posé la question suivante
Pero ella quería desmayarse cuando la bestia le hizo la siguiente pregunta.
"Belle, veux-tu être ma femme ?"
"Belleza, ¿quieres ser mi esposa?"
elle a mis du temps avant de pouvoir répondre
Ella tardó un tiempo antes de poder responder.
parce qu'elle avait peur de le mettre en colère
Porque tenía miedo de hacerlo enojar
Mais finalement elle dit "non, bête"
Al final, sin embargo, dijo: "No, bestia".
immédiatement le pauvre monstre siffla très effroyablement
Inmediatamente el pobre monstruo silbó muy espantosamente.
et tout le palais résonna
y todo el palacio hizo eco
mais Belle se remit bientôt de sa frayeur
Pero Bella pronto se recuperó de su susto.
parce que la bête parla encore d'une voix lugubre
porque la bestia volvió a hablar con voz triste
"Alors adieu, Belle"
"Entonces adiós, belleza"

et il ne se retournait que de temps en temps
y sólo se volvía de vez en cuando
de la regarder alors qu'il sortait
mirarla mientras salía
maintenant Belle était à nouveau seule
Ahora Bella estaba sola otra vez
elle ressentait beaucoup de compassion
Ella sintió mucha compasión
"Hélas, c'est mille fois dommage"
"Ay, es una lástima"
"tout ce qui est si bon ne devrait pas être si laid"
"algo tan bueno no debería ser tan feo"
Belle a passé trois mois très heureuse dans le palais
Bella pasó tres meses muy contenta en palacio.
chaque soir la bête lui rendait visite
Todas las noches la bestia le hacía una visita.
et ils ont parlé pendant le dîner
y hablaron durante la cena
ils ont parlé avec bon sens
Hablaban con sentido común
mais ils ne parlaient pas avec ce que les gens appellent de l'esprit
Pero no hablaban con lo que la gente llama ingenio.
Belle a toujours découvert un caractère précieux dans la bête
Bella siempre descubre algún carácter valioso en la bestia.
et elle s'était habituée à sa difformité
y ella se había acostumbrado a su deformidad
elle ne redoutait plus le moment de sa visite
Ella ya no temía el momento de su visita.
maintenant elle regardait souvent sa montre
Ahora a menudo miraba su reloj.
et elle ne pouvait pas attendre qu'il soit neuf heures
y ella no podía esperar a que fueran las nueve en punto
car la bête ne manquait jamais de venir à cette heure-là
Porque la bestia nunca dejaba de venir a esa hora
il n'y avait qu'une seule chose qui concernait Belle

Sólo había una cosa que preocupaba a Bella.
chaque soir avant d'aller au lit, la bête lui posait la même question
Todas las noches antes de irse a dormir la bestia le hacía la misma pregunta.
le monstre lui a demandé si elle voulait être sa femme
El monstruo le preguntó si sería su esposa.
un jour elle lui dit : "bête, tu me mets très mal à l'aise"
Un día ella le dijo: "bestia, me pones muy nerviosa"
« J'aimerais pouvoir consentir à t'épouser »
"Me gustaría poder consentir en casarme contigo"
"mais je suis trop sincère pour te faire croire que je t'épouserais"
"Pero soy demasiado sincero para hacerte creer que me casaría contigo"
"Notre mariage n'aura jamais lieu"
"nuestro matrimonio nunca se realizará".
« Je te verrai toujours comme un ami »
"Siempre te veré como un amigo"
"S'il vous plaît, essayez d'être satisfait de cela"
"Por favor, trate de estar satisfecho con esto"
« Je dois me contenter de cela », dit la bête
"Debo estar satisfecho con esto", dijo la bestia.
« Je connais mon propre malheur »
"Conozco mi propia desgracia"
"mais je t'aime avec la plus tendre affection"
"pero te amo con el más tierno cariño"
« Cependant, je devrais me considérer comme heureux »
"Sin embargo, debo considerarme feliz"
"et je serais heureux que tu restes ici"
"Y me alegraría que te quedaras aquí"
"promets-moi de ne jamais me quitter"
"Prométeme que nunca me dejarás"
Belle rougit à ces mots
Bella se sonrojó ante estas palabras.
Un jour, Belle se regardait dans son miroir

Un día Bella se estaba mirando en el espejo.
son père s'était inquiété à mort pour elle
Su padre se había preocupado muchísimo por ella.
elle avait plus que jamais envie de le revoir
Ella anhelaba verlo de nuevo más que nunca.
« Je pourrais te promettre de ne jamais te quitter complètement »
"Podría prometerte que nunca te abandonaré por completo"
"mais j'ai tellement envie de voir mon père"
"Pero tengo un deseo tan grande de ver a mi padre"
« Je serais terriblement contrarié si tu disais non »
"Me molestaría muchísimo si dijeras que no"
« Je préfère mourir moi-même », dit le monstre
"Preferiría morir yo mismo", dijo el monstruo.
« Je préférerais mourir plutôt que de te mettre mal à l'aise »
"Prefiero morir antes que hacerte sentir incómodo"
« Je t'enverrai vers ton père »
"Te enviaré con tu padre"
"tu resteras avec lui"
"permanecerás con él"
"et cette malheureuse bête mourra de chagrin à la place"
"y esta desafortunada bestia morirá de pena en su lugar"
« Non », dit Belle en pleurant
"No", dijo Bella, llorando.
"Je t'aime trop pour être la cause de ta mort"
"Te amo demasiado para ser la causa de tu muerte"
"Je te promets de revenir dans une semaine"
"Te doy mi promesa de regresar en una semana"
« Tu m'as montré que mes sœurs sont mariées »
"Me has demostrado que mis hermanas están casadas"
« et mes frères sont partis à l'armée »
"y mis hermanos se han ido al ejército"
« laisse-moi rester une semaine avec mon père, car il est seul »
"déjame quedarme una semana con mi padre, ya que está solo"

« **Tu seras là demain matin** », dit la bête
"Estarás allí mañana por la mañana", dijo la bestia.
"mais souviens-toi de ta promesse"
"pero recuerda tu promesa"
« **Il vous suffit de poser votre bague sur une table avant d'aller vous coucher** »
"Solo tienes que dejar tu anillo sobre una mesa antes de irte a dormir"
"et alors tu seras ramené avant le matin"
"Y luego serás traído de regreso antes de la mañana"
« **Adieu chère Belle** », soupira la bête
"Adiós querida belleza", suspiró la bestia.
Belle s'est couchée très triste cette nuit-là
Bella se fue a la cama muy triste esa noche.
parce qu'elle ne voulait pas voir la bête si inquiète
Porque no quería ver a la bestia tan preocupada.
le lendemain matin, elle se retrouva chez son père
A la mañana siguiente se encontró en la casa de su padre.
elle a sonné une petite cloche à côté de son lit
Ella hizo sonar una campanita junto a su cama.
et la servante poussa un grand cri
y la criada dio un grito fuerte
et son père a couru à l'étage
y su padre corrió escaleras arriba
il pensait qu'il allait mourir de joie
Él pensó que iba a morir de alegría.
il l'a tenue dans ses bras pendant un quart d'heure
La sostuvo en sus brazos durante un cuarto de hora.
Finalement, les premières salutations étaient terminées
Finalmente los primeros saludos terminaron.
Belle a commencé à penser à sortir du lit
Bella empezó a pensar en levantarse de la cama.
mais elle s'est rendu compte qu'elle n'avait apporté aucun vêtement
pero se dio cuenta de que no había traído ropa
mais la servante lui a dit qu'elle avait trouvé une boîte

pero la criada le dijo que había encontrado una caja
le grand coffre était plein de robes et de robes
El gran baúl estaba lleno de vestidos y batas.
chaque robe était couverte d'or et de diamants
Cada vestido estaba cubierto de oro y diamantes.
La Belle a remercié la Bête pour ses bons soins
Bella agradeció a la Bestia por su amable atención.
et elle a pris l'une des robes les plus simples
y tomó uno de los vestidos más sencillos
elle avait l'intention de donner les autres robes à ses sœurs
Ella tenía la intención de regalar los otros vestidos a sus hermanas.
mais à cette pensée le coffre de vêtements disparut
Pero ante ese pensamiento el arcón de ropa desapareció.
la bête avait insisté sur le fait que les vêtements étaient pour elle seulement
La bestia había insistido en que la ropa era solo para ella.
son père lui a dit que c'était le cas
Su padre le dijo que ese era el caso.
et aussitôt le coffre de vêtements est revenu
Y enseguida volvió el baúl de la ropa.
Belle s'est habillée avec ses nouveaux vêtements
Bella se vistió con su ropa nueva
et pendant ce temps les servantes allèrent chercher ses sœurs
Y mientras tanto las doncellas fueron a buscar a sus hermanas.
ses deux sœurs étaient avec leurs maris
Ambas hermanas estaban con sus maridos.
mais ses deux sœurs étaient très malheureuses
Pero sus dos hermanas estaban muy infelices.
sa sœur aînée avait épousé un très beau gentleman
Su hermana mayor se había casado con un caballero muy guapo.
mais il était tellement amoureux de lui-même qu'il négligeait sa femme
Pero estaba tan enamorado de sí mismo que descuidó a su esposa.

sa deuxième sœur avait épousé un homme spirituel
Su segunda hermana se había casado con un hombre ingenioso.
mais il a utilisé son esprit pour tourmenter les gens
Pero usó su ingenio para atormentar a la gente.
et il tourmentait surtout sa femme
Y atormentaba a su esposa sobre todo.
Les sœurs de Belle l'ont vue habillée comme une princesse
Las hermanas de Bella la vieron vestida como una princesa
et ils furent écœurés d'envie
y se enfermaron de envidia
maintenant elle était plus belle que jamais
Ahora estaba más bella que nunca
son comportement affectueux n'a pas pu étouffer leur jalousie
Su comportamiento cariñoso no pudo sofocar sus celos.
elle leur a dit combien elle était heureuse avec la bête
Ella les contó lo feliz que estaba con la bestia.
et leur jalousie était prête à éclater
y sus celos estaban a punto de estallar
Ils descendirent dans le jardin pour pleurer leur malheur
Bajaron al jardín a llorar su desgracia.
« En quoi cette petite créature est-elle meilleure que nous ? »
"¿En qué sentido esta pequeña criatura es mejor que nosotros?"
« Pourquoi devrait-elle être tellement plus heureuse ? »
"¿Por qué debería estar mucho más feliz?"
« Sœur », dit la sœur aînée
"Hermana", dijo la hermana mayor.
"une pensée vient de me traverser l'esprit"
"Un pensamiento acaba de golpear mi mente"
« Essayons de la garder ici plus d'une semaine »
"Intentemos mantenerla aquí más de una semana"
"Peut-être que cela fera enrager ce monstre idiot"
"Quizás esto enfurezca al tonto monstruo"
« parce qu'elle aurait manqué à sa parole »

"porque ella hubiera faltado a su palabra"
"et alors il pourrait la dévorer"
"y entonces podría devorarla"
"C'est une excellente idée", répondit l'autre sœur
"Esa es una gran idea", respondió la otra hermana.
« Nous devons lui montrer autant de gentillesse que possible »
"Debemos mostrarle la mayor amabilidad posible"
les sœurs en ont fait leur résolution
Las hermanas tomaron esta resolución
et ils se sont comportés très affectueusement envers leur sœur
y se comportaron con mucho cariño con su hermana
pauvre Belle pleurait de joie à cause de toute leur gentillesse
La pobre belleza lloró de alegría por toda su bondad.
quand la semaine fut expirée, ils pleurèrent et s'arrachèrent les cheveux
Cuando la semana se cumplió, lloraron y se arrancaron el pelo.
ils semblaient si désolés de se séparer d'elle
Parecían muy apenados por separarse de ella.
et Belle a promis de rester une semaine de plus
y Bella prometió quedarse una semana más
Pendant ce temps, Belle ne pouvait s'empêcher de réfléchir sur elle-même
Mientras tanto, Bella no pudo evitar reflexionar sobre sí misma.
elle s'inquiétait de ce qu'elle faisait à la pauvre bête
Ella se preocupaba por lo que le estaba haciendo a la pobre bestia.
elle sait qu'elle l'aimait sincèrement
Ella sabía que lo amaba sinceramente.
et elle avait vraiment envie de le revoir
Y ella realmente anhelaba verlo otra vez.
la dixième nuit qu'elle a passée chez son père aussi
La décima noche también la pasó en casa de su padre.

elle a rêvé qu'elle était dans le jardin du palais
Ella soñó que estaba en el jardín del palacio.
et elle rêva qu'elle voyait la bête étendue sur l'herbe
y soñó que veía a la bestia extendida sobre la hierba
il semblait lui faire des reproches d'une voix mourante
Parecía reprocharle con voz moribunda
et il l'accusa d'ingratitude
y la acusó de ingratitud
Belle s'est réveillée de son sommeil
Bella se despertó de su sueño.
et elle a fondu en larmes
y ella estalló en lágrimas
« Ne suis-je pas très méchant ? »
"¿No soy muy malvado?"
« N'était-ce pas cruel de ma part d'agir si méchamment envers la bête ? »
"¿No fue cruel de mi parte actuar tan cruelmente con la bestia?"
"la bête a tout fait pour me faire plaisir"
"La bestia hizo todo lo posible para complacerme"
« Est-ce sa faute s'il est si laid ? »
-¿Es culpa suya que sea tan feo?
« Est-ce sa faute s'il a si peu d'esprit ? »
¿Es culpa suya que tenga tan poco ingenio?
« Il est gentil et bon, et cela suffit »
"Él es amable y bueno, y eso es suficiente"
« Pourquoi ai-je refusé de l'épouser ? »
"¿Por qué me negué a casarme con él?"
« Je devrais être heureux avec le monstre »
"Debería estar feliz con el monstruo"
« regarde les maris de mes sœurs »
"Mira los maridos de mis hermanas"
« Ni l'esprit, ni la beauté ne les rendent bons »
"ni el ingenio ni la belleza los hacen buenos"
« aucun de leurs maris ne les rend heureuses »
"Ninguno de sus maridos las hace felices"

« mais la vertu, la douceur de caractère et la patience »
"pero virtud, dulzura de carácter y paciencia"
"ces choses rendent une femme heureuse"
"Estas cosas hacen feliz a una mujer"
"et la bête a toutes ces qualités précieuses"
"y la bestia tiene todas estas valiosas cualidades"
"c'est vrai, je ne ressens pas de tendresse et d'affection pour lui"
"Es cierto; no siento la ternura del afecto por él"
"mais je trouve que j'éprouve la plus grande gratitude envers lui"
"Pero encuentro que tengo la más alta gratitud por él"
"et j'ai la plus haute estime pour lui"
"y tengo por él la más alta estima"
"et il est mon meilleur ami"
"y él es mi mejor amigo"
« Je ne le rendrai pas malheureux »
"No lo haré miserable"
« Si j'étais si ingrat, je ne me le pardonnerais jamais »
"Si fuera tan desagradecido nunca me lo perdonaría"
Belle a posé sa bague sur la table
Bella puso su anillo sobre la mesa.
et elle est retournée au lit
y ella se fue a la cama otra vez
à peine était-elle au lit qu'elle s'endormit
Apenas estaba en la cama cuando se quedó dormida.
elle s'est réveillée à nouveau le lendemain matin
Ella se despertó de nuevo a la mañana siguiente.
et elle était ravie de se retrouver dans le palais de la bête
Y ella estaba muy contenta de encontrarse en el palacio de la bestia.
elle a mis une de ses plus belles robes pour lui faire plaisir
Ella se puso uno de sus vestidos más bonitos para complacerlo.
et elle attendait patiemment le soir
y ella esperó pacientemente la tarde

enfin l' heure tant souhaitée est arrivée
llegó la hora deseada
L'horloge a sonné neuf heures, mais aucune bête n'est apparue
El reloj dio las nueve, pero ninguna bestia apareció
La belle craignit alors d'avoir été la cause de sa mort
Bella entonces temió haber sido la causa de su muerte.
elle a couru en pleurant dans tout le palais
Ella corrió llorando por todo el palacio.
après l'avoir cherché partout, elle se souvint de son rêve
Después de haberlo buscado por todas partes, recordó su sueño.
et elle a couru vers le canal dans le jardin
y ella corrió hacia el canal en el jardín
là elle a trouvé la pauvre bête étendue
Allí encontró a la pobre bestia tendida.
et elle était sûre de l'avoir tué
y estaba segura de que lo había matado
elle se jeta sur lui sans aucune crainte
Ella se arrojó sobre él sin ningún temor.
son cœur battait encore
Su corazón todavía latía
elle est allée chercher de l'eau au canal
Ella fue a buscar un poco de agua al canal.
et elle versa l'eau sur sa tête
y derramó el agua sobre su cabeza
la bête ouvrit les yeux et parla à Belle
La bestia abrió los ojos y le habló a Bella.
« **Tu as oublié ta promesse** »
"Olvidaste tu promesa"
« **J'étais tellement navrée de t'avoir perdu** »
"Me rompió el corazón haberte perdido"
« **J'ai décidé de me laisser mourir de faim** »
"Resolví morirme de hambre"
"**mais j'ai le bonheur de te revoir une fois de plus**"
"pero tengo la felicidad de verte una vez más"

"j'ai donc le plaisir de mourir satisfait"
"Así tengo el placer de morir satisfecho"
« Non, chère bête », dit Belle, « tu ne dois pas mourir »
"No, querida bestia", dijo Bella, "no debes morir".
« Vis pour être mon mari »
"Vive para ser mi marido"
"à partir de maintenant je te donne ma main"
"Desde este momento te doy mi mano"
"et je jure de n'être que le tien"
"Y juro no ser nadie más que tuyo"
« Hélas ! Je pensais n'avoir que de l'amitié pour toi »
"¡Ay! Creí que sólo tenía una amistad para ti"
« mais la douleur que je ressens maintenant m'en convainc » ;
"Pero el dolor que ahora siento me convence;"
"Je ne peux pas vivre sans toi"
"No puedo vivir sin ti"
Belle avait à peine prononcé ces mots lorsqu'elle vit une lumière
Bella apenas había dicho estas palabras cuando vio una luz.
le palais scintillait de lumière
El palacio brillaba con luz
des feux d'artifice ont illuminé le ciel
Los fuegos artificiales iluminaron el cielo
et l'air rempli de musique
y el aire se llenó de música
tout annonçait un grand événement
Todo daba aviso de algún gran acontecimiento
mais rien ne pouvait retenir son attention
Pero nada podía captar su atención.
elle s'est tournée vers sa chère bête
Ella se volvió hacia su querida bestia.
la bête pour laquelle elle tremblait de peur
La bestia por la que ella temblaba de miedo
mais sa surprise fut grande face à ce qu'elle vit !
¡Pero su sorpresa fue grande por lo que vio!

la bête avait disparu
La bestia había desaparecido
Au lieu de cela, elle a vu le plus beau prince
En cambio, vio al príncipe más encantador.
elle avait mis fin au sort
Ella había puesto fin al hechizo.
un sort sous lequel il ressemblait à une bête
Un hechizo bajo el cual se parecía a una bestia.
ce prince était digne de toute son attention
Este príncipe era digno de toda su atención.
mais elle ne pouvait s'empêcher de demander où était la bête
Pero no pudo evitar preguntar dónde estaba la bestia.
« Vous le voyez à vos pieds », dit le prince
"Lo ves a tus pies", dijo el príncipe.
« Une méchante fée m'avait condamné »
"Un hada malvada me había condenado"
« Je devais rester dans cette forme jusqu'à ce qu'une belle princesse accepte de m'épouser »
"Debía permanecer en esa forma hasta que una hermosa princesa aceptara casarse conmigo"
"la fée a caché ma compréhension"
"El hada ocultó mi entendimiento"
« tu étais le seul assez généreux pour être charmé par la bonté de mon caractère »
"Fuiste el único lo suficientemente generoso como para quedar encantado con la bondad de mi temperamento"
Belle était agréablement surprise
Bella quedó felizmente sorprendida
et elle donna sa main au charmant prince
Y le dio la mano al príncipe encantador.
ils sont allés ensemble au château
Entraron juntos al castillo
et Belle fut ravie de retrouver son père au château
Y Bella se alegró mucho al encontrar a su padre en el castillo.
et toute sa famille était là aussi
y toda su familia estaba allí también

même la belle dame qui lui était apparue dans son rêve était là
Incluso Bella dama que apareció en su sueño estaba allí.
"Belle", dit la dame du rêve
"Belleza", dijo la dama del sueño.
« viens et reçois ta récompense »
"ven y recibe tu recompensa"
« Vous avez préféré la vertu à l'esprit ou à l'apparence »
"Has preferido la virtud al ingenio o la apariencia"
"et tu mérites quelqu'un chez qui ces qualités sont réunies"
"Y tú mereces a alguien en quien se unan estas cualidades"
"tu vas être une grande reine"
"vas a ser una gran reina"
« J'espère que le trône ne diminuera pas votre vertu »
"Espero que el trono no disminuya vuestra virtud"
puis la fée se tourna vers les deux sœurs
Entonces el hada se volvió hacia las dos hermanas.
« J'ai vu à l'intérieur de vos cœurs »
"He visto dentro de vuestros corazones"
"et je connais toute la méchanceté que contiennent vos cœurs"
"Y sé toda la malicia que contienen vuestros corazones"
« Vous deux deviendrez des statues »
"Ustedes dos se convertirán en estatuas"
"mais vous garderez votre esprit"
"pero mantendréis vuestras mentes"
« Tu te tiendras aux portes du palais de ta sœur »
"estarás a las puertas del palacio de tu hermana"
"Le bonheur de ta sœur sera ta punition"
"La felicidad de tu hermana será tu castigo"
« vous ne pourrez pas revenir à vos anciens états »
"No podréis volver a vuestros antiguos estados"
« à moins que vous n'admettiez tous les deux vos fautes »
"A menos que ambos admitan sus errores"
"mais je prévois que vous resterez toujours des statues"
"Pero preveo que siempre permaneceréis como estatuas"

« L'orgueil, la colère, la gourmandise et l'oisiveté sont parfois vaincus »
"El orgullo, la ira, la gula y la ociosidad a veces se vencen"
" mais la conversion des esprits envieux et malveillants sont des miracles "
" pero la conversión de las mentes envidiosas y maliciosas son milagros"
immédiatement la fée donna un coup de baguette
Inmediatamente el hada dio un golpe con su varita.
et en un instant tous ceux qui étaient dans la salle furent transportés
Y en un momento todos los que estaban en el salón fueron transportados.
ils étaient entrés dans les domaines du prince
Habían entrado en los dominios del príncipe.
les sujets du prince l'ont reçu avec joie
Los súbditos del príncipe lo recibieron con alegría.
le prêtre a épousé Belle et la bête
El sacerdote casó a Bella y la bestia
et il a vécu avec elle de nombreuses années
y vivió con ella muchos años
et leur bonheur était complet
y su felicidad era completa
parce que leur bonheur était fondé sur la vertu
porque su felicidad estaba fundada en la virtud

La fin
El fin

www.tranzlaty.com

www.ingramcontent.com/pod-product-compliance
Lightning Source LLC
Chambersburg PA
CBHW011556070526
44585CB00023B/2629